Nodyn i oedolion ▶

Mae'r llyfr hwn yn dangos i blant bod gwyddoniaeth ym mhobman ac y gallant ddod i ddarganfod pethau am y byd drostynt eu hunain trwy feddwl ac ymchwilio.

Gallwch helpu'r plant trwy ddarllen y llyfr gyda'ch gilydd a gofyn cwestiynau. Ar ddechrau pob stori, siaradwch am yr hyn y mae'r cymeriadau yn ei ddweud. Tra bo'r plant yn ymchwilio, fe allech chi holi: Beth sy'n digwydd? Beth allwch chi ei weld? Beth ydych chi'n feddwl sy'n digwydd? Ai dyna oeddech chi'n disgwyl fyddai'n digwydd? Cofiwch oruchwylio'r plant wrth iddynt gynnal yr ymchwiliadau.

Ar ddiwedd pob stori mae yna esboniad byr o'r hyn a ddigwyddodd. Mae syniadau ar gyfer gweithgareddau pellach yng nghefn y llyfr, ac efallai y bydd y plant yn awyddus i ddarganfod mwy o lyfrau eraill, CD-ROMau neu'r Rhyngrwyd.

Hawlfraint y testun © 2000 Brenda a Stuart Naylor
Hawlfraint y darluniau © 2000 Ged Mitchell
© Addasiad Cymraeg: Awdurdod Cymwysterau, Cwricwlwm ac Asesu Cymru
Mae hawlfraint ar y deunyddiau hyn ac ni ellir eu hatgynhyrchu na'u cyhoeddi
heb ganiatâd perchennog yr hawlfraint.
Addasiad Cymraeg Sian Owen
Dylunio Sarah Borny
Golygydd Anne Clark
Mae Brenda a Stuart Naylor a Ged Mitchell wedi datgan eu hawl moesol
i gael eu hadnabod y naill fel awduron, a'r llall fel arlunydd y gwaith hwn.
Cyhoeddwyd gyntaf yn 2000 gan Hodder Children's Books,
adran o Hodder Headline cyf,
338 Euston Road, Llundain NW1 3BH
dan y teitl *Bungee Jumpers and other science questions.*
Cyhoeddwyd gyda chymorth ariannol
Awdurdod Cymwysterau, Cwricwlwm ac Asesu Cymru.
Cyhoeddwyd yn Gymraeg 2003
gan Dref Wen Cyf.
28 Church Road, Yr Eglwys Newydd,
Caerdydd CF14 2EA
Ffôn 029 20617860
Argraffwyd yn Singapore.

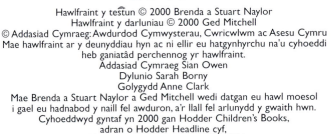

Neidio Bynji

a rhai **cwestiynau gwyddonol** eraill ▶

**Brenda a
Stuart Naylor**

Darluniau
Ged Mitchell

Addasiad Sian Owen

DREF WEN

Neidio Bynji

Mae Ffion, Ben ac Efa yn gwylio brawd a chwaer Efa yn neidio bynji. Pwy fydd yn syrthio gyflymaf tybed?

Mae dy frawd yn fwy – fe fydd yn disgyn yn gyflymach!

Dyma Rhodri i'ch helpu gyda'r ymchwilio.

▌▶ Gwnewch ddau dalp o glai modelu neu does. Gwnewch un mawr ac un bach.

2▶ Daliwch un ym mhob llaw a gollwng y ddau yr un pryd. Neu beth am ofyn i rywun arall eu gollwng i chi?

3▸ Gwyliwch y ddau yn taro'r llawr. Ydy'r ddau yn glanio yr un pryd? Rhowch sawl cynnig arall arni.

Beth wnaethoch chi ei ddarganfod? ▸

Fel arfer nid yw maint yn effeithio ar ba mor gyflym mae pethau'n disgyn. Mae pethau mawr a bach yn disgyn ar yr un cyflymder a glanio yr un pryd. Ond mae siâp pethau yn gallu gwneud i'r aer eu harafu.

Dŵr i'r Adar

Mae hi wedi bod yn boeth a heulog. Ddoe rhoddodd Rhodri, Efa a Ben ddŵr i'r adar yn yr ardd. Heddiw does dim dŵr ar ôl.

Efallai fod yr haul poeth wedi sychu'r dŵr.

Dyma Ffion i'ch helpu gyda'r ymchwilio.

▮► Rhowch lond llwy de o ddŵr ar ddwy soser.

2► Rhowch un soser mewn lle cynnes, heulog.

3 Rhowch y llall mewn lle oer, tywyll.

4 Ble mae'r dŵr yn para hiraf?

Beth wnaethoch chi ei ddarganfod?

Mae'r haul poeth yn sychu dŵr yn gyflym. Mae'n cymryd mwy o amser i ddŵr sychu yn y cysgod. Pan mae dŵr yn sychu, rydym yn dweud ei fod yn anweddu. Mae'n troi'n ddiferion bychan yn yr aer, rhy fach i'w gweld.

Edrychwch! Mae'r adar wedi dod i gael diod!

Mae syched ar y ci hefyd!

Y Blodyn Haul

Mae Efa, Rhodri a Ffion yn ceisio tyfu blodyn haul. Beth fydd yn helpu'r blodyn dyfu?

Mae angen llawer o oleuni i wneud i blanhigion dyfu.

Dyma Ben i'ch helpu gyda'r ymchwilio.

1 ▶ Chwiliwch am dri o blanhigion mewn potiau. Gallech ddefnyddio berwr.

2 ▶ Rhowch un wrth ffenest yn y goleuni. Peidiwch â rhoi dŵr iddo.

3 ▶ Rhowch ddŵr i un, a'i roi mewn cwpwrdd tywyll.

4 Rhowch ddŵr i'r olaf a'i adael wrth ffenest yn y goleuni.

5 Gadewch nhw am ychydig ddyddiau. Pa un sy'n tyfu orau?

Beth wnaethoch chi ei ddarganfod?

Mae angen bwyd i'n cadw ni'n iach a'n helpu ni dyfu. Mae bwyd planhigion yn wahanol. Maen nhw'n cael eu bwyd o'r goleuni ac o'r dŵr.

Lolipop Rhew

Mae Rhodri, Ben a Ffion wedi prynu pedwar lolipop rhew. Mae Awen yn hwyr ac mae ei lolipop yn dechrau ymdoddi.

Brysiwch! Lapiwch hwn mewn ffoil. Mae ffoil yn oer a bydd yn cadw'r lolipop rhag ymdoddi.

Dyma Efa i'ch helpu gyda'r ymchwilio.

1 ► Defnyddiwch dri chiwb rhew yn lle lolipop rhew.

2 ► Lapiwch un ciwb rhew mewn ffoil.

3 ► Lapiwch un arall mewn plastig llawn swigod.

4 Lapiwch y trydydd mewn papur newydd.

5 Arhoswch ychydig. Beth sy'n digwydd?

Beth wnaethoch chi ei ddarganfod?

Ydych chi'n mwynhau darganfod pethau? Dyma ragor o syniadau!

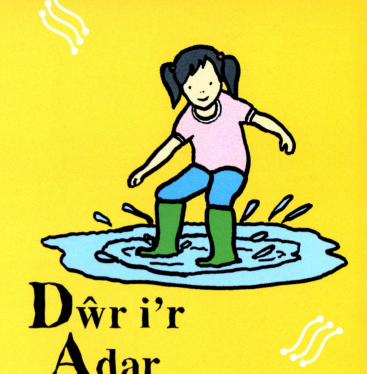

Neidio Bynji

Gwyliwch y ffordd y mae pethau'n disgyn. Allwch chi ddod o hyd i bethau sy'n disgyn yn araf, fel y parasiwt? Beth am falŵn, papur, pluen neu hedyn sycamorwydden. Holwch oedolyn cyn gollwng pethau.

Dŵr i'r Adar

Lle arall mae dŵr yn sychu? Ydy eich dwylo chi'n sychu pan maen nhw'n wlyb? Pa mor gyflym mae pwll yn sychu ar ôl glaw? Beth am dynnu llinell sialc o gwmpas ymyl y pwll a chadw golwg arno?

Y Blodyn Haul

Allwch chi gadw planhigyn yn fyw am gyfnod hir? Faint mae'n ei dyfu? Gallech ei fesur trwy roi marciau ar ffon. Ydy rhai planhigion yn tyfu'n dalach nag eraill? Rhowch gynnig ar dyfu gold Mair, ffa, tomatos neu unrhyw blanhigion eraill.

Lolipop Rhew

Pa mor hir allwch chi gadw lolipop rhew mewn plastig llawn swigod? Ydy'r loli yn para'n hirach os oes mwy nag un haen o blastig? Ydy'n well ei gadw mewn dŵr oer? Beth am ei roi yn y cysgod?

Pob hwyl i chi wrth ddarganfod mwy!